LA PAIX

EST-ELLE POSSIBLE?

UNE SOLUTION NOUVELLE

PAR

Édouard DUPONT

AVOCAT A LA COUR D'APPEL

> « Une paix honteuse serait une guerre d'ex-
> « termination à courte échéance. »
> *(Circulaire du Ministre des affaires
> étrangères.)*

Prix : 40 centimes

PARIS

ARMAND LE CHEVALIER, ÉDITEUR

64, RUE RICHELIEU, 64

—

NOVEMBRE 1870

LA PAIX

EST-ELLE POSSIBLE?

UNE SOLUTION NOUVELLE

Un écrivain que les républicains ne sauraient taxer de faiblesse, M. Louis Blanc, dans un récent écrit (voir *le Siècle*, du 9 novembre 1870), constate que, pour plusieurs d'entre nous le refus de l'armistice a pu être un sujet « de désappointement et peut-être de deuil, et qu'il ne faut pas s'en étonner. »

« Voici bientôt deux mois, dit Louis Blanc, que Paris,
« retranché du monde, s'agite dans les ténèbres, igno-
« rant ce qui se passe sur la terre des vivants ; ne sachant
« de la France que ce que lui en disent d'affreux ou
« vagues récits de campagnes dévastées, de forteresses
« bombardées, de villes mises au pillage et de villages
« disparus. Deux mois ! Il y aura bientôt deux mois que
« Paris a, devant lui, le spectre de la famine qui grandit
« chaque jour, et, autour de lui, la mort qui de plus en
« plus se rapproche... »

Le publiciste comprend dès lors : « Que les âmes les

« moins fortement trempées aient salué avec une joie in-
« volontaire le premier rayon tombé dans la nuit qui
« nous enveloppe; que de graves esprits s'élèvent en pen-
« sée dans un avenir de paix discutée; que la tendresse
« réclame sa part à côté de l'héroïsme, dans le cœur de
« la mère, de l'épouse, de la fiancée, et que ceux-là
« s'émeuvent pour qui, depuis si longtemps, des absents
« bien chers sont, hélas! comme s'ils n'étaient plus!... »

Nous ajoutons qu'il est des âmes fortement trempées, prêtes à la résistance à outrance, qui n'ont abdiqué ni l'énergie ni l'espoir de vaincre encore, mais qui se demandent, au nom de l'humanité insultée par des guerres impies, au nom de la patrie, dont l'intérêt peut-être est de traiter avant de nouveaux malheurs, s'il ne faut pas signer la paix avec ce vainqueur dont l'heureuse fortune a été amenée et accomplie par les fautes et les défaites de l'empire déchu.

Avant donc que tant de lèvres viriles ne boivent la coupe du dernier sacrifice, avant que les femmes, les vieillards et les petits enfants ne se crispent agonisants sous les doigts de la famine promise par un ennemi qui ne veut pas tenter d'obtenir la victoire en opposant sa poitrine à la nôtre; c'est faire œuvre louable sans doute que de chercher, sans abdiquer l'honneur, la paix qui reconstruit et qui répare.

Ce besoin s'impose à tous, et déjà, dans la presse, plus d'un penseur éminent, plus d'un politique distingué, ont publié des écrits destinés à éclairer la situation et à trouver une issue. Ont-ils réussi? Les différentes hypothèses émises sont-elles admissibles? La solution que nous proposons nous-même a-t-elle des chances d'être acceptée, d'abord par ceux qui nous gouvernent et ensuite par l'ennemi? Ce sont là des questions que nous soumettons à l'opinion publique et au Gouvernement de la défense nationale.

Et d'abord constatons avec M. d'Haussonville (voir *Le Temps*, du 8 novembre 1870) « qu'une nation est toujours « responsable du gouvernement qu'elle s'est donné ; » qu'en laissant faire l'odieux coup d'état du 2 décembre, en nous laissant « *mener en guerre* » par l'aventurier couronné qui s'appelait Napoléon III, « nous avons créé cet « état de choses, et que c'est à nous d'en supporter les « conséquences. »

L'écrivain distingué que nous citons nous fait, dans une forme éminemment française, un cours animé d'histoire diplomatique. Il met en mouvement, devant nous, pendant la période impériale, et les divers cabinets de l'Europe et le roi Guillaume, et ce chancelier fédéral qui se croit un Machiavel parce qu'il s'est trouvé en face de diplomates imbéciles et d'un empereur de rencontre. M. Edgar Quinet faisait dernièrement la remarque que M. de Bismark « mêle volontiers l'ironie aux grandes af- « faires, » qu'il se moque agréablement des vaincus, mais que, sur ce terrain de la moquerie, « on peut être certain « que l'esprit français ne sera battu par personne. » On n'a, pour s'en convaincre, qu'à relire l'excellent article de M. d'Haussonville. Comme d'une férule hardie, il frappe les arrogantes prétentions de ces Hohenzollern, si fiers de leur *médiocre lignée*, et comme il tance nos Prussiens en leurs façons de gentilshommes ! « Ces Allemands du « Nord ont toujours eu soif d'imiter ce qui se passait de « ce côté du Rhin. Le glorieux Frédéric lui-même, le glo-

« rieux inventeur de la stratégie moderne, est un plagiaire
« en littérature, et nous savons quelle peine il donnait à
« Voltaire pour raccommoder ses petits vers. A l'heure
« où je vous parle, M. de Bismarck et les hobereaux prus-
« siens de son école, malgré leurs prétentions à l'origi-
« nalité, ne cherchent-ils pas à prendre exemple sur
« notre société française?... Seulement ce sont des esprits
« maladroits.... S'ils arrivent à singer la rudesse d'un
« Montluc, ils n'atteindront jamais à l'esprit d'un d'Au-
« bigné; s'ils savent s'inspirer de l'insolence d'un Lou-
« vois, ils ne sauront nous rendre les bonnes grâces
« d'un Mortemart, d'un Caylus ou d'un Laferté-Senne-
« terre. »

Certes, même dans ce moment solennel, où le rire ne
semble plus de mise, on nous pardonnera, en notre qua-
lité de Français, de rire un peu, avec M. d'Haussonville,
de cette Prusse gourmée d'orgueil et de suffisance, et de
savourer de bon cœur cette vengeance tout à fait gauloise.

Mais ce que j'ai cherché en vain dans l'article de
M. d'Haussonville, c'est ce qu'il peut penser de la solution
des difficultés actuelles. Les conclusions de la page spiri-
tuelle qu'il a écrite nous laissent dans un vague absolu.
En effet, M. d'Haussonville est *convaincu*, sans nous dire
par quels moyens se pourront réaliser ses espérances,
« que nous n'aurons à faire le sacrifice d'aucun de nos
« départements et que nous n'en serons pas réduits à dé-
« molir une *seule* de nos forteresses ; » mais il ajoute :

« Fallut-il en *détacher quelques pierres*, je m'en conso-
« lerais, car les pierres se remplacent d'ailleurs. Qui
« donc nous empêcherait de construire, *loin de nos fron-*
« *tières*, de nouvelles citadelles qui ne nous donneraient

« pas accès chez les autres, ce que, pour ma part, je ne
« désire guère, mais qui empêcheraient les autres d'en-
« trer trop avant chez nous, ce dont je me soucie beau-
« coup. »

On le voit, l'auteur de l'article auquel nous avons fait
allusion, semble avoir ébauché les rudiments d'une solution pacifique, mais il n'en a point indiqué les bases.

M. Edgard Quinet, dans le journal le *Siècle* (numéros
des 4 et 5 novembre), a seulement prouvé *ex-professo*, par
les plus saines notions d'histoire et de géographie, qu'en
nous demandant l'Alsace et la Lorraine, la Prusse n'avait
pas pour but de nous demander *la clé de sa maison*, mais
de nous prendre *la clé de la nôtre*. Mais le but de son
article n'était point de chercher s'il y avait une paix pos-
sible.

Pourtant, au milieu d'empressements trop timorés, un
honorable désir d'avoir la paix s'est répandu dans Paris,
à la condition formelle de ne faire aucun abandon, aucune
concession qui ne soient strictement compatibles avec
l'honneur de la France. Le Gouvernement de la défense
nationale, lui-même, dès le début et plus tard en tentant
un armistice, a témoigné de ce désir légitime; et l'histoire
dira que jamais, au milieu de difficultés sans nombre, en
face d'une poignée d'anarchistes dont les violences ont
semblé menacer à la fois et la France et la République,
que jamais, disons-nous, un gouvernement n'a eu une
attitude plus fière, plus jalouse de l'honneur national !
Demander la cessation d'une guerre que la République
n'a pas entreprise, la demander avant le combat suprême
que Paris invaincu est prêt à livrer, ne saurait être une
lâcheté. Paris ne saurait se rendre, mais il est l'heure

encore, pour la grande cité, de traiter avec un ennemi qui n'a vaincu que l'Empire.

Si le refus de l'armistice a paru jeter un découragement chez plusieurs,—que la Prusse ne l'oublie pas, — ce refus a si peu abattu les parties vives de la population, que les émeutiers du 31 octobre se sont servis du faux prétexte que le Gouvernement faiblissait pour passionner Paris. Mal venu serait, auprès du peuple, celui qui parlerait de se rendre, et nous engageons M. de Bismarck à lire — puisque nos journaux lui parviennent — les lignes suivantes, dans lesquelles M. Louis Blanc résume éloquemment le sentiment national (*Siècle* du 9 novembre 1870) :

« A tout prendre, dit l'auteur de l'*Histoire de dix ans*,
« M. de Bismarck, en refusant l'armistice, nous fait peut-
« être une nécessité de ce qui est notre intérêt suprême »
et plus loin, se félicitant presque de ce refus, il ajoute :

« Si la France, nation de trente-huit millions d'âmes,
« eût paru renoncer à l'espérance d'avoir raison par l'épée
« de huit ou neuf cent mille envahisseurs; si, avec un
« demi-million de citoyens armés, rien que dans Paris,
« elle eût semblé reconnaître qu'elle était vaincue sans
« retour ; qu'il ne restait plus aux Parisiens la volonté de
« faire usage de leurs cinq cent quarante mille fusils, de
« leurs canons, de leurs forts, de leurs redoutes, et que
« la France, la France de Jeanne d'Arc, était morte, bien
« morte, il aurait donc fallu : ou que l'assemblée rejetât
« des conditions de nature à mettre la paix au prix de la
« honte, ou qu'elle se résignât à subir, l'épée au fourreau
« et la tête basse, la loi du vainqueur; et que serait-il ar-
« rivé alors? La paix aurait été conclue, elle n'aurait pas
« été fondée. »

Et nous disons à notre tour :

C'est parce que Paris n'a pas encore combattu, c'est parce qu'il est tout prêt à chercher la victoire, qu'il peut encore aujourd'hui, en face cependant des incertitudes de la lutte, dire à la Prusse : « Voulez-vous une paix non pas *conclue*, mais *fondée*, faisons-la telle que je puisse l'accepter. »

M. Louis Blanc, tout en nous montrant prêts au combat, n'a pas échappé à cette généreuse sollicitude de tous les esprits sérieux qui tend à chercher une solution pacifique : « Peut-être, dit-il à la fin de son article, y aurait-« il, pour les deux peuples, un moyen d'éviter les hor-« reurs d'une guerre à outrance. Ce serait la formation « spontanée d'un tribunal arbitral où l'influence de deux « puissances monarchiques serait contrebalancée par « celle de deux états républicains; les États-Unis et la « Suisse.... »

En définitive donc, le mouvement des esprits, sans que ce soit là un symptôme d'affaiblissement, tend à la recherche d'une paix solide, compatible avec l'honneur français. Que si elle est impossible à établir, alors nous dirons avec l'écrivain que nous venons de citer : « Sans « doute la partie qui nous reste à jouer est formidable ; « mais c'est en risquant de la perdre que nous nous mon-« trerons dignes de la gagner. »

Arrivons donc maintenant à la solution qui nous semble pouvoir être admise par tout le monde. Remarquons d'abord que l'armistice, sans une base de paix proposée par l'une ou l'autre des parties belligérantes, ne pouvait avoir aucune raison d'être. En effet, la Prusse partait de ce principe absolu qui résume l'*objectif* de ses convoitises :

« *Je veux l'Alsace et la Lorraine pour l'Allemagne* (lisez pour la Prusse). »

La France partait, à meilleur titre, de ce principe formulé par Jules Favre : « *Vous n'aurez ni un pouce de notre territoire, ni une pierre de nos forteresses.* »

Il est bien évident, qu'à moins de supposer que le langage tenu par la France et celui tenu par la Prusse n'étaient pas sincères ou que leurs principes s'étaient modifiés, un armistice n'avait pas d'objet défini et devait être refusé par celle des deux parties qui trouverait à ce refus un intérêt.

Supposez, au contraire, une base nouvelle, un principe dont la discussion soit admissible ; la proposition faite, de deux choses l'une : ou la base nouvelle est repoussée et alors pas n'est besoin d'armistice, à moins d'en trouver une autre ; ou elle est prise en considération, et, sans rien préjuger, l'armistice ouvre la porte à la discussion.

Il est donc besoin de chercher la proposition qui divise le moins les belligérants et de s'inspirer, pour cela, de l'intérêt que chacun d'eux paraît avoir. Or l'intérêt de la Prusse c'est : « *Que nous ne possédions plus l'Alsace et la Lorraine.* »

L'intérêt de la France c'est : « *Que l'Alsace et la Lorraine ne soient pas possédées par la Prusse, non plus que leurs places fortes.* »

Quel est donc le moyen qui pourrait réunir ce double intérêt ? Nous le formulons, avant toute discussion, dans la proposition suivante :

Neutralisation absolue de l'Alsace et de la Lorraine, constituées en une république complétement indépendante de la France et de la Prusse.

Par l'acceptation de cette proposition, il est bien évident que chaque belligérant fait un sacrifice : la France, celui de ses attaches nationales ; la Prusse, celui de son désir de conquêtes. Cette part faite, cherchons si, pour les deux nations, la paix à ce prix est acceptable.

Parlons d'abord de la France. Sans doute, la France se retranche à elle-même, par cette combinaison, une partie de son territoire ; mais *elle ne cède ni à la Prusse, ni a personne, un pouce de ce territoire, ni aucune pierre de ses forteresse*s. Elle détache de son sein une fraction qui, désormais, s'appartiendra à elle-même ; elle donne à l'Alsace et à la Lorraine une situation neutre et indépendante.

Elle fera plus ; il lui sera donné d'avoir, du fond de ses entrailles déchirées par les douleurs de la patrie, enfanté une République nouvelle dont elle dotera l'humanité, en même temps qu'elle affranchira du joug de l'étranger ces nobles provinces qu'hélas ! elle n'a pu défendre, et qui sont, en ce moment, sous le pied brutal de la Prusse ! Sans doute, c'est avec des larmes que la France se séparera de l'Alsace et de la Lorraine. Elle éprouvera cette souffrance d'une mère qui voit la quitter, pour suivre d'autres destins, une fille bien aimée ; mais sa consolation sera de savoir qu'elle les a fiancées avec la Liberté.

La première, par ce sacrifice, la France prouvera au monde qu'elle ne s'enferme pas dans l'égoïsme étroit d'un territoire ; qu'elle rêve des conquêtes immatérielles et qu'elle envisage d'un généreux regard d'immenses horizons vers lesquels, sous la forme républicaine librement acceptée, les peuples sauront bien fonder la grande patrie qui s'appellera l'humanité.

Le sacrifice de la France a donc sa grandeur et porte en soi sa consolation.

Recherchons maintenant quelles objections sérieuses pourrait faire la Prusse. Aucune, si ce n'est qu'elle veut à toute force l'abaissement de la France ; or, elle a désavoué par les paroles de son souverain cette intention : aucune, si ce n'est encore le désir de s'agrandir par la conquête, et son ministre a désavoué, à son tour, cet appétit.

Nous n'avons point ici à scruter si ces désaveux sont sincères. Nous ne nous arrêtons qu'aux motifs avoués par M. de Bismarck.

La raison, pour la Prusse, de prendre l'Alsace et la Lorraine, se résume dans les propositions suivantes, formulées par cet homme d'État, dans son entretien avec Jules Favre :

1° « *Aussi longtemps que la France demeurera en possession de Strasbourg et de Metz, elle est plus forte sur l'offensive que nous sur la défensive.* »

2° « *Strasbourg, entre les mains de la France. est une place forte de sortie toujours ouverte vis-à-vis de l'Allemagne du sud. Entre les mains de l'Allemagne, Strasbourg et Metz acquièrent, par contre, un caractère défensif.* »

3° Et autre part le chancelier a dit : « *C'est la clé de la maison : je dois l'avoir.* »

Or, la proposition de paix que nous soumettons à l'examen de l'opinion publique répond aux sollicitudes exprimées par M. de Bismarck ; [car, d'une part, dans le système proposé, la France ne possédera plus l'Alsace et la Lorraine ; et, d'autre part, le rôle défensif que le chancelier fédéral attribuait à la possession par la Prusse des deux provinces devient sans objet.

Dès lors, nous disons, en outre, à la Prusse, qu'il n'est pas nécessaire qu'elle ait *la clé de la maison*, puisque la France ne la garde pas.

Mais à qui la remettre ?

Nous répondons : à l'Europe, aux puissances qui seront parties intervenantes au traité futur et devront se porter garantes des conventions.

J'ajoute, comme appendice et sauvegarde de la neutralisation de la République nouvelle, qu'on peut annexer, au nouvel État créé entre la Prusse et nous, le duché de Luxembourg, moyennant indemnité payée à qui de droit, et les populations préalablement consultées sur le point de savoir si elles veulent faire partie de la République nouvelle. Mais cette annexion n'est qu'accessoire et n'est pas indispensable à la conclusion du traité.

L'heure presse ; ce travail rapidement écrit dans les intervalles de temps que laisse à chaque citoyen le service de la défense, n'a pas la prétention d'avoir prévu toutes les objections. La discussion pourra s'élever, éclairer ce qui est obscur, combattre ce qui ne serait pas admissible. On reconnaîtra, qu'au moins, une formule nette est trouvée, qui peut offrir une base à une négociation.

Mais il faut prévoir une hypothèse et supposer que M. de Bismarck, levant enfin tous les voiles et se renfermant dans le brutal axiôme de : « *La force prime le droit,* » refuse de traiter sur cette base,

C'est alors, disons-nous, l'heure pour l'Europe d'intervenir. Quelque impassibles que les puissances aient été jusqu'alors, elles peuvent, — allons plus loin, — elles doivent jeter, dans la balance, le poids de leurs résolutions. Je vais au delà de M. Louis Blanc lorsqu'il émet le vœu d'un tribunal arbitral composé de puissances appelées par les parties. Je dis qu'en vertu de la solidarité qui, en dehors même des traités, crée, en fait, le faisceau européen, il résulte, pour les puissances qui le composent, un droit qui n'est pas encore un *droit d'intervention,* mais un *droit d'examen.*

Ce droit commence dès qu'une proposition de paix de la part de l'un des belligérants est nettement produite, et, s'il est besoin d'un armistice pour se livrer à cet examen, les puissances ont le droit de l'imposer, dût la guerre continuer plus tard. Les parties belligérantes sont alors mises en demeure de rester dans un strict *statu quo.*

Ne voit-on pas, en effet, que dénier, en ce cas, aux puissances, le pouvoir d'imposer un armistice, ce serait exposer l'Europe à voir s'établir tel fait accompli qui pourrait porter préjudice à l'économie et à l'équilibre européens. Cet équilibre est un fait aussi, un fait qui peut être modifié sans doute, mais non pas sans mettre en présence les intérêts des nations qui composent l'agglomération européenne. De là résulte un droit qui, pour être *non écrit,* n'en est pas moins certain.

C'est après cet examen fait par l'Europe, que l'action individuelle de chaque nation, ou l'action simultanée de plusieurs ou de toutes devrait suivre la mesure de ses intétéréts et de ses sympathies ; et, ioi, nous sortons du domaine abstrait du droit. Ajoutons d'ailleurs que, dans la composition du tribunal arbitral, proposé par M. Louis Blanc, il ne serait peut-être pas indispensable que l'influence de deux puissances monarchiques fut compensée par la présence de deux puissances républicaines. Nous pensons, en effet, comme on vient de l'écrire dans le journal *le Temps* (11 novembre), que nous sommes heureusement loin de l'ancienne hostilité du principe monarchique contre le principe républicain. Il ne s'agit pas, d'ailleurs, dans notre hypothèse, de la composition amiable d'un tribunal arbitral, mais de l'action spontanée des puissances.

Nous avons dit que c'est le droit de l'Europe d'examiner et d'agir ensuite en face d'une proposition de paix; nous disons que c'est son devoir et que son honneur y est engagé. Non, elle ne peut assister indifférente à la lutte!...

N'avons-nous pas tous présentes à la mémoire les paroles éloquentes des ministres anglais au début de cette guerre, qui leur semblait une impiété sociale? Aux applaudissements du peuple d'Angleterre, ils déclaraient que, dès qu'un moment opportun surviendrait, ils feraient tous leurs efforts pour la faire cesser. Le même langage était tenu par les hommes d'état des autres puissances spectatrices de la lutte. Qu'attend donc l'Europe? A elle de dire maintenant son mot sous peine de s'abdiquer.

Nous nous hâtons de résumer le projet de traité dans les propositions suivantes :

Constitution de l'Alsace et de la Lorraine en république indépendante ;

Interdiction, comme conséquence, à tout prince françai
ou étranger de devenir roi du nouvel état ;

Intervention des puissances garantes des conventions du
traité ;

En cas d'acceptation de la base proposée, sauf à en régler
les détails, armistice de vingt-cinq jours avec ravitaille-
ment partiel. Pendant cette période, nomination d'une as-
semblée régulièrement élue, avec le concours de l'Alsace et
de la Lorraine, et qui aura à ratifier ou rejeter le traité signé
provisoirement, et par la Prusse et par le Gouvernement de
la Défense nationale.

Cette proposition de paix serait faite par le Gouvernement au moment jugé opportun; l'une des puissances
neutres pourrait servir d'intermédiaire et inviterait la
Prusse à déclarer, dans un délai de vingt-quatre heures,
si elle entend accepter des pourparlers sur cette base ou
la rejeter absolument.

Pour compléter l'examen de la solution que nous avons
étudiée, nous ne pouvons nous dispenser d'apprécier une
question très-importante sur laquelle nous avons le regret
de voir, en ce moment, la presse s'engager dans une voie
fàcheuse. Par qui doit être faite et signée, sauf ratification par une assemblée nationale postérieurement élue, la
proposition de paix? Nous répondons : par le Gouvernement de la défense nationale.

Quel inconvénient, en effet, y a-t-il, soit du côté de la
Prusse, soit du côté de la France, à ce que le Gouvernement actuel soit considéré comme le *negotiorum gestor* de
la France? Ce rôle résulte de la force des choses et de
l'impossibilité de trouver actuellement un autre mode

pour arriver à la conclusion de la paix; car, d'un côté
la Prusse a refusé de laisser Paris se ravitailler pendant la
période qu'elle voulait bien octroyer à la France pour
faire ses élections; et, d'un autre côté, on ne peut ad-
mettre qu'une assemblée pourrait, élue ainsi, sous le
canon de l'ennemi, offrir toutes les garanties d'indépendance et de liberté d'esprit nécessaires pour conclure la
paix? C'est ici le lieu d'examiner, à cet égard, quelques-
unes des opinions qui se produisent dans la presse.

La plus impossible et la plus malheureuse est, sans
contredit, celle qui est émise dans le *Journal des Débats*
(10 et 13 novembre 1870) par M. Renan, et qui consiste
dans la réunion d'une assemblée *sui generis*, réunion im-
médiate effectuée *en présence de l'ennemi*, et même, s'écrie
M. Renan, avec une pointe de fierté qui n'est pas tout à
fait d'accord avec le ton général de son article, *malgré
lui* (1).

Il est vrai, qu'après avoir posé ce principe, M. Renan se
voit obligé de reconnaître qu'il faut, pour élire une assemblée proprement dite, « un état calme et un pays libre ;
« l'ennemi, ajoute-t-il, nous accordât-il toutes les facilités
« possibles, le gouvernement prussien voulût-il bien
« s'interdire toute ingérence dans les opérations du scru-
« tin, on peut trouver qu'une élection ainsi accomplie
« serait *sans dignité et sans légitimité* » ; mais est-ce que
pour l'assemblée qui devra décider de si graves questions de paix ou de guerre, et qui intéressent l'existence

(1) « C'est malgré la Prusse, dit M. Renan, et non avec l'agrément de
« la Prusse, que l'Alsace et la Lorraine doivent choisir leurs délégués ! »
M. Renan devrait indiquer le moyen de le faire dans les départements
envahis.

et l'honneur de son pays, M. Renan compte dispenser *ses délégués des départements* des mêmes conditions de dignité et de légitimité?

Ce qu'il faut, nous dit-il, ce n'est pas une assemblée nombreuse, « c'est *une délégation exécutive* des dépar« tements; » elle se composera « *d'une centaine de per-« sonnes.* »

« Nous imaginons, dit M. Renan, la désignation rapide « des délégués comme ayant lieu sans candidature régu« lière. Chaque département vote dès qu'il est informé..... « Il y aura des lacunes, des départements tardivement « représentés, n'importe. Tel département n'aura pu faire « de scrutin régulier, mais on aura des députés sur les « préférences de l'opinion publique; cela peut suffire. « Dans quelques départements, aucune désignation même « sommaire n'aura pu se produire; alors le noyau de « l'assemblée déjà formé à Tours donnera, pour représen« tants à ces départements, *d'anciens députés, des hommes* « *connus pour y être universellement estimés et en repré-* « *senter l'esprit.* Qu'importent leurs opinions, puisqu'il « s'agit en ce moment d'un acte patriotique en dehors de « toutes les opinions. »

Nous n'avons pas pu, même par mégarde, défigurer l'idéal de l'Assemblée imaginée par M. Renan. C'est bien de cette assemblée que M. Renan dit (*Débats* du 10 novembre) : « Elle serait investie *de tous les droits de la souve-* « *raineté nationale;* elle déciderait de la continuation de « la guerre ou de la conclusion de la paix. En recevant « des ordres et en les exécutant, nous aurions *la certitude* « *de nous conformer à la volonté de la France,* soit qu'elle « nous commandât de nous imposer de nouveaux sacri-

« fices, soit qu'elle nous enjoignit de subir pour elle une
« cruelle humiliation. » M. Renan a-t-il bien cette certitude?

« C'est là, dira-t-on, ajoute le philosophe, une assem-
« blée de notables, quelque chose d'aristocratique, de
« peu conforme à notre *jalouse et soupçonneuse démo-*
« *cratie.* Il est vrai; mais faisons trève pour un moment
« à *ces mesquines considérations.* »

Voici à quelle assemblée M. Renau entend remettre « et
la plénitude de la souveraineté nationale et le pouvoir absolu de décider de la paix ou de la guerre. »

Ainsi pense et écrit, en politique, le fantaisiste auteur
de la *Vie de Jésus*, ex-candidat libéral dans Seine-et-Marne
et ami de l'ex-Altesse du Palais-Royal.

Quant à Paris, M. Renan se passera volontiers de son
concours; c'est là que siége un gouvernement qui pèche
« par son origine révolutionnaire et qui ne saurait être
le gouvernement de la Paix. »

M. Renan oublie — est-ce injustice ou tactique ? —
que lorsque ce gouvernement a pris un pouvoir que la
dynastie impériale avait laissé choir dans l'immense honte
de Sedan, il ne l'a pris *qu'à titre provisoire,* et que, depuis
lors, s'il ne l'a pas remis à la France, maîtresse en définitive de ses destinées, c'est que, par le fait de la guerre et
de la présence de l'ennemi, il a été dans l'impossibilité de
le faire.

Il oublie que ce gouvernement est composé d'hommes
qui voulaient la paix, même avant qu'elle eût été follement
déclarée et qu'ils l'ont offerte à la Prusse, à condition
qu'elle fut acceptable pour notre honneur. Pourquoi donc
ce gouvernement ne peut-il être aujourd'hui celui de la

paix ? Prendrez-vous, pour la conclure, *ces anciens députés* dont vous parlez, qui ont conseillé et acclamé la guerre en applaudissant, sans les contrôler, les affirmations de MM. Lebœuf et Ollivier ?

Il nous serait facile de signaler les incessantes contradictions de M. Renan et, entre autres, cette étrange fantaisie qui lui fait créer « *une assemblée provinciale de* « *notables*, » investie de la *plénitude de la souveraineté nationale*, un gouvernement à côté du gouvernement lequel est provisoire, sans doute, mais central, et que M. Renan a, très-probablement, appuyé de son vote. Comment enfin concilier, avec son incroyable système, ses lamentations sur l'unité de la France qu'il croit, à tort, menacée ? et comment croire à la possibilité même de la réunion d'une assemblée « en face de l'ennemi et malgré lui » quand M. Renan nous fait la déclaration suivante : « L'Ouest et « le Midi ont montré un esprit d'indépendance qui n'a sur- « pris que les observateurs inattentifs : Lyon, Marseille et « Bordeaux sont des communes révolutionnaires qui ad- « mettent à peine, avec le gouvernement, un lien fédéral. »

S'il en est ainsi, laissez donc au gouvernement actuel la force nécessaire jusqu'au moment où il remettra les destinées de la France à une assemblée élue dans des conditions possibles, moralement et matériellement, soit que la paix ait été signée sauf ratification par cette assemblée future, soit que, continuant la défense, Paris ait repoussé l'envahisseur.

Il y a, sans doute, en dehors de M. Renan, abstraction faite de sa « délégation exécutive des départements, » d'excellents esprits qui, à tort selon nous, mais sans arrière-pensée, voient dans une assemblée à élire *immé-*

diatement un remède aux difficultés du moment. Mais combien d'autres rêvent, dans cette assemblée élue sous la pression de la crainte, une paix à tout prix et des restaurations monstrueuses ! Combien fondent sur les difficultés actuelles, des chances pour un parti !..... Et ceux-là ne trouvent-ils pas des encouragements dans les admirations du journal *La Patrie* pour la petite assemblée de M. Renan et des excitations dans cette espèce de sommation qu'un journal ne craint pas d'adresser au gouvernement :

« Nous demandons au général Trochu, à MM. Jules Favre, Simon, Picard, Garnier-Pagès et Ferry s'ils peuvent continuer à prétendre gouverner la France ? » (*Constitutionnel* du 11 novembre 1870.)

Que les honnêtes gens, que les esprits calmes et sérieux disent, au contraire, au Gouvernement, en s'appuyant sur le vote imposant qui lui a continué son mandat :

« Vous avez remporté sur les ennemis de la République et de la France, sur les violents qui parlent de liberté et qui veulent la force, qui parlent de la Souveraineté du peuple et qui veulent une oligarchie, une noble et pacifique victoire. Mandataires de la nation pour la sauver, constamment face à face avec l'ennemi que l'empire nous a amené sous Paris, vous avez évidemment le droit de combattre cet ennemi, ou de traiter avec lui à des conditions que la France aura à apprécier et à ratifier quand la respiration lui sera rendue. N'hésitez donc pas ! A vous incombe l'honneur de signer une paix honorable, et alors vous ne serez pas désavoués. Que si l'on veut notre honte, ordonnez à Paris de chercher la mort ou la victoire ; car, Paris vaincu dans le combat, la France n'est pas morte encore et l'honneur est sauf ; mais Paris sauvé, c'est l'ennemi en fuite, c'est la patrie libre, c'est la République votée par la Constituante, la République fondée sur le droit et s'élançant confiante et calme vers l'avenir.

Paris, 14 novembre 1870.

Cette brochure était imprimée lorsque nous avons reçu la bonne nouvelle du succès d'Orléans. Tout entier à l'espoir de voir Paris et la France expulser l'ennemi, l'auteur de cette courte étude a pensé que, dans son ensemble, il y a des appréciations qui ne sont pas sans intérêt pour le lecteur et la lui présente telle qu'il l'a écrite. Il ne sera pas le dernier à combattre avec ses concitoyens pour que la France n'ait point à accepter, mais à dicter elle-même la paix, après une victoire définitive remportée sur les envahisseurs.

E. D.

PARIS. — IMPRIMERIE VICTOR GOUPY, 5, RUE GARANCIÈRE.

www.ingramcontent.com/pod-product-compliance
Ingram Content Group UK Ltd.
Pitfield, Milton Keynes, MK11 3LW, UK
UKHW020113100726
13658UKWH00005B/2148